4 JUIN 1868

CATALOGUE

D'UNE BELLE COLLECTION

DE

LITHOGRAPHIES

ET

EAUX-FORTES MODERNES

PAR

CHARLET, DECAMPS, GAVARNI, INGRES, RAFFET,
BONINGTON, GÉRICAULT, ETC.;

DONT LA VENTE AURA LIEU

HOTEL DROUOT

SALLE N° 4 (au 1er Étage)

Les Jeudi 4 et Vendredi 5 Juin 1868

A UNE HEURE

M° **DELBERGUE-CORMONT**, Commissaire-Priseur,
rue de Provence, 8,
Assisté de M. **CLEMENT**, M⁴ d'Estampes de la Bibliothèque
impériale, rue des Saints-Pères, 3,
Chez lesquels se distribue le présent Catalogue.

EXPOSITION PUBLIQUE
Le Mercredi 3 Juin 1868, de 1 heure à 5 heures.

PARIS

RENOU ET MAULDE
IMPRIMEURS DE LA COMPAGNIE DES COMMISSAIRES-PRISEURS
rue de Rivoli, 144.

1868

CONDITIONS DE LA VENTE

Elle sera faite au comptant.

Les Acquéreurs paieront CINQ POUR CENT en sus du prix d'adjudication.

L'Expert aura la faculté de diviser les pièces décrites sous le même numéro.

ORDRE DES VACATIONS

Le Jeudi 4 Juin 1868............ 1 à 177
Le Vendredi 5 Juin............. 178 à 342
Les Dessins.................... 343 à 347
seront vendus à quatre heures.

DÉSIGNATION

1 **Aubry** (Lecomte). Psyché, d'après Girodet. Épreuve avant la lettre sur chine, plus la Joconde, d'après L. da Vinci.

2 **Bellangé** (H.). L'Orage. — Le Retour du prisonnier. — La Leçon d'escrime, etc. 4 pièces.

3 **Berry (Caroline, duchesse de)**. Deux Vues du château de Rosny, 1823.

4 **Bonheur** (Mlle Rosa). Étude de taureau, sur papier teinté.

5 **Bonington** (R.-P.). Vue de Bologne. Très-belle épreuve sur chine de la seule eau-forte du maître.

6 — Caen. Deux enfants jouent avec un chien sur les degrés d'une porte gothique murée. On lit sur le remplissage de la baie : Architecture du moyen âge. Lith. de Feillet.

7 — Bergues. La Tour du marché.

8 — Tour aux archives, à Vernon. Épreuve sur chine. Pl. 314 des Voyages romantiques et pittoresques en France.

9 — Pesmes; Franche-Comté, sur chine. Pl. 9 du Voyage en Franche-Comté du baron Taylor.

10 — Façade de l'église de Brou, pl. 25 du même ouvrage, sur chine.

11 — Tombeau de Marguerite de Bourbon, église de Brou; pl. 29 du même ouvrage, sur chine.

12 — Croix de moulin, les planches. Planche 77 du Voyage en Franche-Comté du baron Taylor, sur chine.

13 — Vue générale des ruines du château d'Arlay, sur chine, pl. 84 du même ouvrage.

14 — Ruines du château d'Arlay, sur chine, pl. 85 du même ouvrage.

15 — Vue d'une rue des faubourgs de Besançon, pl. 102 du même ouvrage, sur chine.

16 — Pièces tirées du Voyage en Écosse. 8 épreuves dont 4 sur chine.

17 — Pièces tirées du Voyage en Ecosse, 9 épreuves sur chine, d'après les dessins de Pernot.

18 — The Escape from Argile-Castle Printed by Villain. Épreuve sur chine.

19 — Old Gate way at Spirling (Printed by Villain). Épreuve sur chine.

20 — Campos. Sur les bords du Rio das Velhas. Dans la province de Minaes Gèvaës. Épreuve sur chine.

21 — Entrée de la rade de Rio-Janeiro, dessinée d'après nature par Rugendas.

22 — Embouchure de la rivière Caxœra. Dessinée d'après nature, par Rugendas.

23 — A Duel between Franck and Raleigh (Printed by Villain). Épreuve avant la lettre, plus une épreuve avec la lettre sur chine. 2 pièces.

24 — Le Silence favorable. — Le Retour. — Le Repos. — La Conversation. — Les Plaisirs paternels. — La Prière. — L'Africaine. 7 pièces.

25 **Bonington** (D'après). Le Billet doux. — La jeune Malade, etc. 3 pièces gravées à la manière noire, par Reynolds.

26 **Boulanger. Diaz** et **Decamps**. Compositions diverses. 8 pièces.

27 — **Boulanger, Baron, Diaz, Devéria, Mouilleron**. Compositions diverses. 36 pièces.

28 **Boulanger, Nanteuil, Mouilleron**, etc. Lithographies diverses, d'après Delacroix et autres. 14 pièces.

29 **Brascassat**. Études d'animaux, publiés par Goupil et Cie, 1860. 4 pièces.

30 — Études par Brascassat. Croquis, paysages et animaux. 6 pièces.

31 **Calame** (A.). Différents paysages gravés à l'eau-forte. 5 pièces.

32 — OEuvres de Calame, publiées par F. Delarue. 22 pièces sur papier de Chine coupé au trait carré.

33 **Charlet** (Nicolas-Toussaint). L'Acteur Odry (rôle de *Beldame*), dans la Leçon de danse. Imprimé chez Motte, en 1822; a paru dans le *Miroir*. (Catalogue Lacombe, 3.)

34 — Portrait en pied du prince Louis-Napoléon, pendant son procès à la chambre des Pairs, en 1840 (8), sur chine.

35 — Napoléon au bivouac (9. R.)

36 — Napoléon à Iéna (10). — Napoléon vu par le dos (15). 2 pièces imprimées chez Villain, en 1826.

PIÈCES IMPRIMÉES CHEZ LASTEYRIE.

37 — Hussard au galop, le sabre à la main (19. R.R.R.).

38 — Lanciers au bivouac (22. R.R.R.).

39 — Poste avancé (24. R.).

40 — Déroute de cosaques (26. R.).

41 — Colonne d'infanterie en marche (27).
42 — La Consigne (29. R.).
43 — Cuirassiers chargeant (31. R.).
44 — La Bienfaisance (32. R.). — L'Hospitalité (32. R.). 2 pièces faisant pendant.
45 — La Conversation (34. R.R.).
46 — La Bienvenue (35. R.).
47 — Les Quatre Mendiants (37. R.R.).
47 bis — La même pièce.
48 — Le Grenadier de Waterloo (38. R.). Première composition.
49 — Le Grenadier de Waterloo (39. R.). Deuxième composition.
50 — Les deux Grenadiers de Waterloo (40. R.R.R.). Copie faite par E. Leroux.
51 — Le Drapeau défendu (42. R.).
52 — La même pièce.
53 — Les Français après la victoire (43. R.R.).
54 — La Mort du cuirassier (44. R.R.).
55 — La même pièce.
56 — Les Maraudeurs (49. R.R.).
57 — Les Invalides en goguette (50. R.).
58 — La même pièce.
59 — Le Grenadier manchot (51).

PIÈCES IMPRIMÉES CHEZ DELPECH.

60 — M. Pigeon en grande tenue (53. R.).
61 — Deux Prisonniers russes amenés devant un officier français (54), — Prisonniers autrichiens (55). 2 pièces faisant pendant.

62 — Le Vin de la Comète (56). — Le Peintre d'enseignes (57). 2 pièces.

63 — On dit (59. R.R.). Première composition.

64 — Que dit-on ? (58). — On dit... (60). — On ne dit rien (61.) — Ils s'en vont (62). — Il faut en rire (63). 5 pièces.

65 — Je boude avec les blancs (64. R.R.R.). — Gaspard Lavisé (65). 2 pièces.

66 — Infanterie légère montant à l'assaut (66. R.).

67 — La même pièce.

68 — Siége et Prise de Berg-op-Zoom (67. R.R.).

69 — Courage et Résignation (68. R.R.R.).

70 — Le Caporal blessé, et son chien lui léchant sa blessure (69. R.R.).

71 — Mendiants. — Grenadier assis, avec un enfant. — Braconnier. — Les Gueux (70 à 73). 4 pièces qui ont été imprimées sur deux feuilles.

72 — Le Soldat français (74. R.R.).

73 — Cuirassier français portant un drapeau (76. R.).

74 — Le Menuet (77. R.).

75 — La Gamelle compromise (78. R.R.).

76 — Délassement des consignés (80. R.R.).

77 — Vieillard montrant le portrait de Cambronne à des enfants (81. R.R.R.).

78 — Au maréchal Brune (82. R.R.R.).

79 — L'Instruction militaire. — Le Soldat musicien (83 et 84. R.R.). 2 pièces faisant pendant.

80 — Le Marchand de dessins lithographiques (85. R.).

81 — Les Maraudeurs (86. R.R.).

82 — L'Aumône (87. Rare). Épreuve avant la lettre, plus une épreuve avec la lettre.

— 8 —

83 — A moi ! les anciens (89. R.R.R.).
84 — Appel du contingent communal. (90. R.R.).
85 — Le Quartier général (91).

PIÈCES IMPRIMÉES CHEZ MOTTE.

86 — Les Pénibles Adieux (92. R.).
87 — J'attends de l'activité (94. R.).
88 — Entrée, ou Milord Gorju. — Sortie, ou Milord la Gob (96 et 97. R.R.). 2 pièces.
89 — Je l'ai gagnée à Friedland (98. R.R.).
90 — Doucement, la mère Michel (101. R.). 1ʳᵉ et 2ᵐᵉ épreuves. 2 pièces.
91 — L'intrépide Lefèvre. — C'est mon père (102 et 103). 2 pièces faisant pendant.
92 — Soyez plutôt maçon, si c'est votre talent (104. R.).
93 — Réjouissances publiques (105. R.).
94 — Siége de Saint-Jean-d'Acre (107. R.).
95 — Siége de Saint-Jean d'Acre (109).
96 — Recrue à l'exercice. — Sergent d'infanterie (110 et 111. R.). 2 pièces.
97 — Officier de Voltigeurs. — Carabinier instructeur (112 et 113. R.).
98 — Sergent de Carabiniers, Guide général. — Sapeur d'infanterie (114 et 115. R.). Deux pièces.
99 — Grenadier de la Garde impériale (116. R.). — Grenadier de la Garde royale (117. R.). 2 pièces.
100 — Deux Grenadiers de la Garde royale (118. R.R.). — Chasseur à cheval de la Garde impériale (119. R.) 2 pièces.

101 — Dragon de la vieille Garde (120. R.). — Cuirassier à pied (121. R.). — Deux Lanciers polonais de la Garde impériale (123. R.). 3 pièces.

102 — Deux Cuirassiers à pied (122. R.R.). — Lancier polonais de la Garde impériale (125. R.R.). 2 pièces.

103 — Lancier polonais de la Garde impériale (125. R.R.). — Dragon, compagnie d'élite, à cheval (126. R.R.R.). 2 pièces.

104 — Dragon d'élite, armée d'Espagne (155. R.). — Grenadier à pied de la vieille Garde (156. R.). 2 pièces.

105 — Suite de 30 pièces représentant des costumes de la Garde impériale. Elles ont été imprimées chez Delpech, de juillet 1817 à mars 1820 (157 à 186). Les n°s 12, 13, 14, 15, 16, 17 et 18 sont du premier tirage (le n° 30 manque).

106 — Les n°s 158, 166, 168, 172, 173, 175, 181, 183 de la suite précédente. 9 pièces.

107 — Douze pièces représentant des costumes d'infanterie (armée de 1809), imprimées chez Motte; nous en avons quatre (187, 197, 195, 199. R.R.).

108 — Grenadier à pied de la Garde impériale. — Dragon d'élite (202 et 203). 2 costumes à la plume.

109 — Infanterie légère française, Carabinier. — Voltigeur (204 et 205). Le n° 205 double. 3 pièces.

110 — Colonel d'infanterie (1794) (246). — Capitaine de Grenadiers à pied (238. colorié). — Napoléon, élève à l'École militaire (261). 3 pièces.

111 — Chasseur à cheval (grande tenue) (251. R.R.R.).

PIÈCES DÉTACHÉES DE DIVERSES IMPRIMERIES.

112 — Bonaparte factionnaire (266). — La Boule de neige, avant la lettre (267). 2 pièces.

113 — Le pauvre Diable (269). — Veuve Lafrance (270).— Les Quilles (271). — Elle n'admet pas de remplaçant (272). 4 pièces.

114 — Triomphe de la Religion. Impiété, 1810. Piété, 1820 (273 et 274), imprimées sur la même feuille. — J'obtiens de l'activité (275). — Il m'en reste encore un pour la patrie (276).—Aux vieux Grognards, le tailleur de pierre reconnaissant (277). 5 pièces.

115 — Adieu, fils (281). — L'École de village (282).— Le beau bras! c'est comme l'antique (283). — J'aime la couleur (284). — Paye et tais-toi! (287). Entrez chez Gihaut (289). 6 pièces.

116 — Vous croisez la baïonnette sur les vieux Amis ! (278). — École du Balayeur (279). — Voilà pourtant comme je serai dimanche (280). 3 pièces.

117 — Comment faire !... (285. R.R.). — Dissimulons (286. R.R.). 2 pièces.

118 — Louis XVIII vu par le dos, au balcon des Tuileries (288. R.R.R.).

119 — Le Soleil luit pour tout le monde (290). — Je suis innocent, dit le conscrit, etc. (291). — La Manie des armes (292). Réjouissances publiques (293). 4 pièces.

120 — Réjouissances publiques (293). — Le Laboureur nourrit le soldat (298). 2 épreuves. — Le premier Coup de feu (299). — Le second Coup de feu (300). 5 pièces.

121 — Promenade à Belleville de Mme Durand; Coco, Fifine, Azor, Polichinelle et M. Durand (295). — Papa, nanan! Papa, caca! (296). — Papa, nanan! Papa, caca! (297. R.). 3 pièces.

122 — L'Insubordination (303). — Elle a le cœur français, l'ancienne (304). 2 épreuves. — Ils sont les enfants de la France; sur chine (305). 4 pièces.

123 — Jeune! j'avais des dents et pas de pain (301). — Même sujet, composition différente (302). — Est-ce un dindon? (306). — Le Billet de logement (307). — Ah! quel plaisir d'être soldat (308). — Honneur au courage malheureux (312). 5 pièces.

124 — Au commandement de halte! (309). — Au commandement de pas d'observations! (310). 2 pièces sur chine, faisant pendant

125 — Scène d'intérieur (315). — Ah! si j'étais de la police (316). — Lieutenant, dit-il, je cherche du fourrage pour mon cheval (319. R.). — Feuille de Croquis (326). — Jeune Femme assise dans un jardin (331). 5 pièces.

126 — Le Gamin éminemment et profondément national (332), 2 épreuves, l'une sur chine. — L'Allocution, 28 juillet 1830 (333). 3 pièces.

127 — Le Tailleur de pierres (335). — La même idée avec quelques différences (336). — Je te parie quatre sous tout de suite que c'est moi et petit Pannotet, etc. (337). Pingard et Buchette faisant la partie d'aller demander du pain ou la mort (338). 4 pièces.

128 — Charge de chevau-légers (339). — Essai à la manière noire : Vieillard assis dans un fauteuil (340). — Vieux Pâtre assis près du tombeau de sa fille (343). — Quand tu fais des poires sur tes cahiers (344). 4 pièces.

129 — Chacun chez soi!... chacun pour soi!... (353). — Le plus délicieux et le plus ailé des bizets (354). — 5 Mai! la prière du vieux soldat (358). — 15 Août! Nobles Souvenirs (359). 4 pièces.

130 — Comme flûte, je suis avant Tulou (345. R.). Sur chine. — Le Magister de village (351. R.). — Campagnard à cheval au galop (352. B.R.). Sur chine. 3 pièces.

131 — Soldat sous la République (348). — Soldat sous Louis XV (349). 2 pièces.

132 — Petit Décrotteur à genoux (370). Différents croquis à l'encre et à la plume (374, 375, 376). 4 pièces,

133 — Différents Croquis (386, 389, 395, 398, 399, 401, 402, 406, 407, 408, 412, 413, 415, 418, 422, 423). 16 pièces.

134 — Billoux dans une balance (425). — Un Homme portant un bonnet espagnol (429. R.). — Je puis mourir maintenant, j'ai revu mon drapeau (465). — A. B. C. (468). 4 pièces.

VIGNETTES POUR ROMANCES ET CHANSONS.

135 — Le Tambour-major (479). — Je ne suis plus Jean-Jean (480). — Le vieux Ménétrier (484). — Danse, petit Polichinelle (486). — Courage, mon p'tit Jean (487). — La bonne Maman (488). — Son navire est parti (490). 7 pièces.

136 — Chant funèbre composé à l'occasion de la mort de Juhel (500). — Un gros ivrogne assis sur un tabouret (502). Sur chine. — Un vieux Soldat debout (503). 3 pièces.

PIÈCES TIRÉES D'ALBUMS.

137 — Pièces tirées d'albums (508, 511, R.R.; 520, 523, 524, 528, 546, 548, 549, 584, 586, R.; 601, 615, 618, 632, 638, 656, 657, 658, 663. 20 pièces.

138 — Le Bulletin de Navarin (702. R.)

139 — Pièces tirées d'albums (746, 781, 784, 785, 790, 793, 795, 813, 815, 823, 825, 827, 828, 829, 831, 832, 837, 838. (Dix-huit pièces, la plupart sur chine.)

140 — Alphabet moral et philosophique à l'usage des petits et des grands enfants, par Charlet, 1835 (840 à 867). 26 pièces sur chine.

141 — Album lithographique, par Charlet, 1836 (868 à 884). 16 pièces sur chine.

142 — Album, par Charlet, 1837 (887, 889, 890, 891 avec le croquis, 892, 895, 896). 7 pièces sur chine.

143 — Croquis, par Charlet, 1837 (901 à 912). 12 pièces sur chine.

144 — Croquis à la manière noire, sujets philosophiques, moraux, etc., dédiés à Béranger, par Charlet (966 à 978 ; le n° 966 manque. 11 pièces sur papier teinté.

145 — Tremblez, ennemis de la France! (988. R.R.). 1er tirage avant le changement du titre, sur chine, avec la 2e épreuve. 2 pièces.

146 — Je crains la salle de police (981). — La Vieille aristocratie, elle était polie et généreuse (982). 2 pièces.

147 — La Pie est ce qu'il y a de pis (984, R.R.). 1er tirage avec l'inscription qui suit et non décrite par M. de Lacombe :

La Pie est ce qu'il y a de pis ; elle est l'animal la plus malfaisante des états sociaux, la pie borgne surtout, politiquement parlant! avec la 2e épreuve. 2 pièces.

148 — Quand j'aurai fait mes vingt ans, etc. (985. R.R.). 1re épreuve avant le changement du titre, avec 2 épreuves du 2e tirage. 3 pièces.

149 — Croquis à l'estompe et au lavis (992, 993, 996, 997). 1res épreuves avant l'encadrement et les noms des éditeurs. 4 pièces.

150 — Suite de dessins à la plume (1020, 1044. R.). 2 pièces.

PIÈCES AU VERNIS MOU.

151 — Recueil de 24 pièces gravées à l'eau-forte, par Charlet, publiées chez Blaizot.

152 — Pièces diverses à la plume et au vernis mou. 5 pièces.

153 — **Daumier** (H.). Croquis d'expressions. 5 pièces coloriées.

154 — Rue Transnonain, le 15 avril 1834. Épreuve sur chine.

155 **Daumier, Raffet, Lami.** Ne vous y frottez pas. — Grande Revue passée par la Caricature, le 30 octobre 1832. — Jugement des juges. — Croquis faits d'après nature dans Paris. 5 pièces.

156 **Daumier, Philipon** et autres. Caricatures diverses sur Louis XVIII, Louis-Philippe. 42 pièces tirées du journal la Caricature.

157 **Decamps.** Les Anes sous le toit. Épreuve sur chine, avec le n° 12.

158 — Bataille d'Aboukir. Épreuve avant la lettre et avant la moustache du général.

159 — Bataille de Mondovi.

160 — Le Thermomètre. (Lit. de C. Motte.)

161 — Le Savoyard et le Singe. Épreuve avant la lettre.

162 — Sujets de chasse. 6 pièces imprimées sur papier de couleur.

163 — Croquis et pièces tirées d'albums. 14 pièces.

164 — L'An de grâce 1840...

165 — Eh ! Camarade, on n'entre pas en veste ici.

166 — Voilà ce qui vient de paraître... (Gihaut frères). Ép. sur chine.

— 15 —

167 — Une Pauv' petite Préfecture, s'il vous plaît.
168 — La France pleure ses victimes, etc. Lith. de Gihaut frères, éditeurs.
169 — Adieux touchants de l'ex-bien-aimé.
170 — Ah! cette fois, je sens bien que j'en rends...
171 — Classe de français. M. Contrarius.
172 — Le pieu Monarque.
173 — Arrêt de la Cour prévôtale. Extrait du journal la Caricature.
174 — Liberté française désirée, tiré du journal la Caricature.
175 — Grands sauteurs. Extrait du journal la Caricature.
176 — Un Turc debout dans un intérieur; essai fait à la manière noire, sur chine.
177 **Decamps** et **Delacroix** (d'après). Le Singe peintre. — Les Singes cuisiniers. — La Barque du Dante, etc. 5 pièces.
178 **Delacroix** (Eugène). Tigre couché dans le désert. Gravé à l'eau-forte. 1er état avant le nom de Delacroix et l'adresse de Picot, plus une épreuve avec l'adresse. 2 pièces.
179 — Lionne déchirant de ses ongles la poitrine d'un Arabe étendu sur le dos. Gravure au vernis mou, 1er état avant la publication dans l'Artiste, plus une épreuve imprimée en couleur. 2 pièces.
180 — Muletiers de Tétuan; signé en haut, à droite : E. Delacroix, 1833.
181 — La Consultation (lith. de C. Motte).
182 — Quatre feuilles représentant des Médailles antiques. Rares.

182 bis Arabien à cheval

183 — Dix-sept sujets, par E. Delacroix, pour illustrer le Faust, tragédie de Goëthe. Épreuves avec l'adresse de Ch. Motte; plusieurs sont sur chine.

184 — La même suite, avec l'adresse de Voyron, dont 2 doubles. 19 pièces.

185 — La Fuite du contrebandier. Épreuve tirée avec la musique.

186 — Femme d'Alger couchée sur des carreaux, en tête du Livre d'or de Curmer. — Une rue à Alger, cul-de-lampe pour la même feuille. 2 lithographies à la plume.

187 — Un guerrier Franc, cul-de-lampe pour l'introduction du Voyage en Auvergne, du baron Taylor.

188 — Ivanhoé. Chap. XXII, Walter Scott. Delacroix fecit, 1829.

189 — Chroniques de France. Château de Pontorson. 2 pièces avant toutes lettres, sur chine.

189 bis. — Fronte-Bœuf et la Vieille. Sujet tiré d'Ivanhoé, sans aucune inscription.

190 — Le Giaour. Il arrête son cheval qui foule aux pieds le Pacha mort, dont le cheval se cabre au loin; sur chine.

191 — Macbeth. Il contemple les trois sorcières accroupies autour du chaudron magique. Pièce exécutée au grattoir. 2 épreuves.

192 — Jane Shore, acte V, sc. II, avec le texte anglais, sur chine. — Hamlet, acte V, sc. Iʳᵉ, avec le texte anglais, sur chine. Ces deux pièces sont en largeur et se font pendant.

193 — Hamlet. Treize Sujets dessinés par Eug. Delacroix. Paris, chez Gihaut. Suite sur chine; datée de 1834, 1835 et 1843.

— 17 —

194 — Gœtz de Berlinchingen. Un jeune Page se précipitant aux genoux de Gœtz. — Gœtz écrivant ses Mémoires auprès de sa femme. 2 pièces, épreuves d'essai avant toute inscription; la première est sur chine.

195 — Panthère bondissant sur un cheval noir et le saisissant au cou. Épreuve d'essai tirée à quelques épreuves; elle a toute sa marge, de la plus grande rareté.

196 — Lion de l'Atlas. — Tigre royal. 2 pièces faisant pendant, imprimées et éditées chez Gaugain.

197 — Lion dévorant un cheval. 1er état, avant le n° 17 des artistes contemporains; signé Eug. Delacroix, 1844, sur chine.

198 — Jeune Tigre jouant avec sa mère. Extrait de l'Artiste. 2 épreuves.

199 — Lara blessé. Épreuve avant toute inscription, sur chine.

200 **Diaz, Devéria, Français**, etc. Croquis et Paysages. 23 pièces.

201 **Devéria** et **Lemud**. Pièces tirées du journal l'Artiste et pour illustrer les Contes de Lafontaine. 10 pièces.

202 **Doré** (Gustave). L'Ogre. — Au fond des bois. — Naufrage au port. — Rira bien qui rira le dernier. 4 pièces.

203 **Dreux** (A. de). Études de chevaux. 6 pièces.

204 **Gavarni** (Sulpice Chevalier, dit). Portrait de Gavarni, par lui-même, sur chine.

205 — Promenade. — Déjeuner de garçon. 2 pièces.

206 — Rustic Groups of figures by Gavarni. London; published by George Rowney and Company, 1854. 6 pièces sur chine.

— 18 —

207 — La Chanson de table. — Le Foyer. 2 grandes pièces imprimées, sur chine.

208 — A Highland Piper. Épreuve sur chine.

209 — Vignettes pour romances et chansons. 11 pièces.

210 — Le Monde dramatique. — Souvenir du carnaval. — Camaraderies. — Les Lorettes, etc. 14 pièces.

211 — Pièces tirées du journal l'Artiste et autres. 24 pièces.

212 — Les Parisiens, 12 pièces avant toutes lettres.

213 — D'après nature ; suite de 40 pièces.

214 — Études d'enfants. 11 pièces.

215 — Masques et Visages. 15 pièces.

216 — Les Débardeurs. 36 pièces.

217 **Géricault** (J.-L.-Th.-André). — Portraits de Géricault, par Collin, Vienot, avec et avant la lettre, plus son portrait où la tête et le col se détachent sur un fond perdu. 4 pièces.

218 — Le Porte-étendard (Catalogue Ch. Clément, 3. R.R.), sur chine.

219 — Les Boxeurs (Cat. Ch. Clément, 9. R.R.).

220 — Un Chariot chargé de soldats blessés, traîné par trois chevaux (10. R.R.).

221 — Deux Chevaux gris-pommelé qui se battent dans une écurie (11. R.R.R.). Épreuve imprimée à deux teintes, collée en plein et sans marge.

222 — Retour de Russie (12. R.). Épreuve à deux teintes.

223 — Le Factionnaire suisse au Louvre (14. R.).

224 — Artillerie à cheval de la première garde impériale changeant de position (15. R.R.R.).

225 — Marche dans le désert (21). 2ᵉ état. — Passage du mont Saint-Bernard (22). 1ᵉʳ état avant le titre et les montagnes teintées, plus une épreuve du 3ᵉ état. 3 pièces.

226 — Shipwreck of the Meduse (20).

227 — Various subjects draw from life and on stone, by J. Gericault (26. R.).

228 — The Piper (R.).

229 — Pity the sorrows of a poor old man! whose trembling limbs have borne him to your door (28. R.).

230 — A Party of life-gards (29. R.).

231 — A Paralytic Woman (31. R.R.).

232 — The Flemish farrier (33. R.).

233 — Entrance to the Adelphi Warf (32. Rare).

234 — Horses going to a fair (36. R.).

235 — Jockey anglais monté sur un cheval qui a une couverture marquée d'un M. (39. R.). Cheval de carrosse monté par un palefrenier en veste et coiffé d'un chapeau rond (40). — Marchand de poisson assis près de son étal et endormi (41). — Trois Enfants jouant avec un âne, près d'une fontaine (42). — Lion dévorant un cheval (46). 5 pièces dessinées sur carton préparé.

236 — Guillaume le Conquérant rapporté après sa mort à l'église de Saint-Georges de Boscherville (46).

237 — Études de chevaux, d'après nature; suite de 12 pièces publiées chez Gihaut (48 à 59), sur chine.

238 — Officier d'artillerie légère de la première garde impériale (60). — Cheval que l'on promène avant la course (61). — La Course (62). Cheval de charrette sorti des limons (63). — Officier d'artillerie légère de la première garde impériale (64). Suite de 5 pièces publiées chez Gihaut.

239 — Cheval dévoré par un lion (65). — Deux Chevaux harnachés (67). — Cuirassiers chargeant une batterie d'artillerie russe (69). 3 pièces publiées chez Gihaut.

240 — Études de chevaux, par Géricault (70 à 82); suite de 12 pièces imprimées chez Villain, publiées chez Gihaut, 1822.

241 — Cinq Pièces doubles, de la suite précédente.

242 — Cheval anglais avec couverture, monté par un Jockey (84). — Cheval que l'on ferre (85). — Cheval au trot (86). 3 pièces exécutées au tampon et au grattoir.

243 — Chevaux de ferme (87). — Cheval mort (88). — Hangar de maréchal-ferrant (89). — Les Boueux (90). — Un Roulier montant une côte dans la neige (91); suite de 5 pièces publiées par Mme Hulin, en 1823.

244 — Lara blessé (23), sur chine. — Mazeppa (92).

245 Géricault (D'après). Cheval attelé. Épreuve avant la lettre.

246 Géricault et Charlet (D'après). Tête de supplicié. — Le Frère Capucin, en quête, etc. 3 pièces.

247 Goya. Courses de taureaux. 2 pièces signées Goya, sans aucune autre inscription. Rares.

248 — El famoso Americano, Mariano Ceballos. Lith. de Gaulon. Signée au coin, à gauche, Goya.

249 — Debersion de España. Lith. de Gaulon.

250 Granville, Traviès, Daumier, etc. Caricatures politiques sur Louis-Philippe et autres. 14 pièces.

251 Gros (A.-J.). Chef des Mamelucks appelant du secours.

252 Gudin. Rugendas. Paysages et Études d'arbres. 7 pièces.

253 **Hubert.** Études d'arbres et de paysages, ruines. 24 pièces sur chine.

254 **Ingres** (J.-D.-A.). Odalisque, Ingres, 1825. Lith. de Delpech.

255 — Quatre Seigneurs de la cour de Bourgogne causent, assis dans des chaises à haut dossier. Ingres, 1825 (Lith. de G. Engelman). Cul-de-lampe pour le voyage en Franche-Comté du baron Taylor. Épreuve sur chine.

256 **Isabey.** Marines dessinées sur pierre, par E. Isabey. 10 p. et un titre, plusieurs sont sur chine.

257 **Jacque** (Ch.). Berger donnant à manger à son troupeau. — Paysage. 2 pièces. Premières ép. portant la signature du graveur; la seconde est sur chine.

258 — L'Été. — La Rentrée. — Un Coin de cour. — Pifferari. 4 pièces sur chine.

259 **Lemud** (A. de). Maître Wolfrang. Épreuve avant la lettre, rare; Hélène Adelsfreit, sur chine. 2 pièces.

260 **Leroux** (Eugène). Lithographies diverses, d'après Géricault, Prudhon, Decamps, Delacroix. 12 pièces; plusieurs sont sur chine.

261 **Mouilleron.** La Ronde de nuit, d'après Rembrandt. Épreuve avant la lettre, sur chine.

262 — Lithographies d'après Delacroix, R. Fleury, Meissonnier et Gigoux, etc. 6 p.

263 **Nanteuil** (Célestin). Vignettes pour romances et chansons. 7 pièces.

264 **Noël** (M.-Léon). Turc au repos. — Méditation, etc. 5 pièces sur chine, d'après Decaisne.

265 **D'Orléans** (F.-P.-L.-Ch.-H. duc). Benham. 2 lithographies imprimées sur la même feuille.

266 **Prévost** (Z.). L'Hermite Copmanhurst et le Chevalier, d'après Delacroix. Gravure en manière noire.

267 **Prudhon** (P.-P.). Une Famille malheureuse. Lith. de G. Engelman, salon de 1822. Épreuve sur chine, plus la copie par Dugelay. 2 pièces.

268 — Jeune Garçon jouant avec un chien. Rare épreuve avant la lettre sur chine.

269 — Une Lecture. Épreuve avant la lettre, plus une épreuve sur chine. — Prudhon inv. et del. (Lith. de C. Motte). 2 pièces.

270 **Prudhon** (D'ap.). Compositions diverses. 21 pièces lithographiées par Aubry, Lecomte, Boilly et autres.

271 **Rambert**. La Misère, dessin et texte par Rambert, 1851. 9 pièces : l'Usure. — la Foi. — la Guerre, — le Duel, — la Guerre civile, etc. En tout 17 pièces.

272 **Raffet** (Denis-Auguste-Marie). Le Colonel du 17e léger (Cat. Giacomelli, 7). — S. A. R. le duc d'Aumale (8). 2 pièces.

273 — Le Comte de Meden (13. R.R.).

274 — Souvenir de Santicos. — Route de Malaga à Ronda (14. R.R.).

275 — Le Blanc, lieutenant-colonel du génie. (17. R.R.). 1er état avant toute inscription.

276 — Le colonel Maule (20).

277 — Le colonel Bouat (33. R.R.). Sur chine.

278 — Colonel Bouat (35. R.R.). Sur chine.

279 — Je le sauverai ou je perdrai la vie. (45. R.). — Nous avons la victoire ! Fanfan, bois, c'est Catin qui régale (46. R.). Tu as de l'honneur, tu as des principes, tu seras un héros !... peut-être (50. R.R.). 3 pièces.

— 23 —

280 — Napoléon à Bar-sur-Aube (59. R.). — Le Fils du brave Canaris (61). 2 pièces.

281 — Artillerie légère en action (67. R.). — Jérusalem délivrée (69. R.). — Barricade de la rue Saint-Antoine (74). Tirez sur les chefs, etc. (75). 2 épreuves. — Gendarmes, faites feu (73). 6 pièces.

282 — Retraite du bataillon sacré, à Waterloo (80). Rare épreuve tirée sur papier de Chine à grandes marges.

283 — Combat d'Oued-Alleg (82). Épreuve sur chine coupée au trait carré.

284 — La même pièce, même état.

285 — Le Drapeau du 17ᵉ léger (83). Épreuve sur papier de Chine, coupée au trait carré.

286 — Le Réveil (85). Épreuve sur grand papier de Chine.

287 — Le Rêve (86). Première épreuve avant le titre sur grand papier de Chine.

288 — Nouvelle-Hollande (92. R.). — Nouvelle-Zélande (93). — Baie Houa-Houa (94). 3 pièces.

289 — La Société des Frileux (98).

290 — Napoléon en Égypte. Affiche pour le poëme de Barthélemy et Méry (119. R.).

291 — Némésis. Affiche pour les Satires de Barthélemy (120. R.). Épreuve sur chine.

292 — Affiche pour l'histoire de Napoléon (132. R.).

293 — Le Compagnon du tour de France, affiche pour le roman de G. Sand (123. R.).

294 **Raffet**. Pièces tirées du Journal la Caricature (nᵒˢ 128, 130, 131, 132, 133, 134, 135, 136, 137, 138, 139 double, 140). 15 pièces.

295 — Analyse de la pensée (142. R.). Grande revue passée par la Caricature, le 30 octobre 1832 (143. R.). 2 pièces.

296 — Le Testament de Pigault-Lebrun (146). — État-Major 1794 (150). — Charge de Cavalerie (151. R.). 3 pièces.

297 — Cocher des morts, y n'faut pas écraser les vivants (153. R.). — Le Marchand de chansons (159. R.). — Infanterie Polonaise marchant à l'ennemi (161). 3 pièces.

298 — Souvenirs du camp de Compiègne (164-165). 2 pièces du 1ᵉʳ tirage, avec l'adresse de Gihaut.

299 — Album pour 1826 et autres (nᵒˢ 203, 205, 207, 208, 209, 216 double, 217, 218, 219). 10 pièces.

300 — Histoire de Jean-Jean, depuis son départ de ses foyers jusqu'à son retour (nᵒˢ 221, 222, 224, 225, 226, 227, 229, 230, 231 double, 232, 233, 234, 235, 236). 15 pièces.

301 — Album 1828-1829. Voitures publiques (261, 262, 263, 264, 265, 268, etc.) 7 pièces.

302 — Album de 1827 à 1837 (nᵒˢ 273 double, 274, 275, 276, 277, 278, 279, 280, 281, 282, plus deux pièces tirées d'un album (nᵒˢ 269 et 270). 13 pièces.

303 — Album 1828 (284, 285, 293). 3 pièces.

304 — Album 1828-1829. Croquis pour l'amusement des Enfants (nᵒˢ 296 à 315); le titre sur papier de Chine, les autres sur papier de couleur, le nᵒ 315 double. En tout 21 pièces.

305 — Album 1830 (nᵒ 325 à 337). 1ᵉʳ tirage sur papier blanc, le nᵒ 337 est double. En tout 14 pièces.

306 — Album 1831 (nᵒˢ 338, 339, 340, 341, 342, 343, 345, 346 double, 347, 348, 349 double). Épreuves de différents tirages sur papier blanc, grand papier de Chine et papier de couleur. 14 pièces.

307 — Album 1832 (352, 353, 354, 355, 356, 357, 358, 359, 360, 361, 362 double). Épreuves sur papier blanc et papier de Chine. 12 pièces.

308 — Album 1833 (n⁰ˢ 365, 366, 367, 368, 369, 370, 371, 372, 373, 374, 376). 11 pièces.

309 — Album 1834 (n⁰ˢ 378, 379, 380, 381, 382, 383, 385, 386, 387, 388). 9 pièces sur chine.

310 — Album de 1835 (n⁰ˢ 393, 394, 395, 397, 398, 399, 400, 401, 402). 10 pièces sur chine.

311 — Album de 1836 (n⁰ˢ 404, 405, 406, 407, 408, 409, 410, 411, 412, 413, 414, 416). 12 pièces, la plupart du 1ᵉʳ tirage, sur papier blanc.

312 — Album de 1837 (n⁰ˢ 417 à 428). 12 pièces de différents tirages, sur blanc et sur chine.

313 — La Revue nocturne (429); l'une des plus belles compositions de Raffet. Très-belle épreuve sur chine.

314 — La même pièce. Très-belle épreuve sur chine, mais remontée sans les vers et légèrement tachée d'encre.

315 — Costumes militaires de la restauration (n⁰ˢ 450, 453, 459, 460, 461, 464, 465, 469, 471, 473, 476, 483, 492, 493), 14 pièces.

316 — Marche sur Constantine (545. R.R.)

317 — Souvenirs d'Italie. Expédition de Rome, 1849 (557 à 593); suite de 36 planches publiées chez Gihaut; elles sont sur grand papier de Chine.

318 — Dévouement du Clergé catholique dans Rome (30 avril 1849) (543). Première épreuve sur papier de Chine, coupée au bord de la planche.

319 — Voyage dans la Russie méridionale et la Crimée, etc., exécuté en 1837, sous la direction de M. A. Demidoff (595 à 602); suite de 100 planches avec texte publiées par Gihaut. 2ᵉ tirage sur papier demi-jésus, papier de Chine, coupé au trait carré.

320 — Les nos 625, 629, 636, 638, 639, 650, doubles de la suite précédente. 2e tirage sur chine, coupé au trait carré. 6 pièces.

321 — Les nos 618, 619, 639, 643, 649, 654, 655, 656, 665, 666. Très-rares épreuves tirées sur demi-colombier, papier de Chine à grandes marges. 11 pièces.

322 — Paysans russes (649). 1re épreuve sur petit papier de Chine et avant le n° 52. — La Messe au camp (663). Épreuve d'essai avant le n° 65. 2 pièces.

323 — Vue de Balaklava (645). R.R.R.). Pièce inédite; dans le 2e état, tout le premier plan a été refait.

324 — 2e partie Madjar (667). Épreuve du 2e tirage avant le n° et avec la date à la suite de la signature.

325 — Karaïmes (668). Épreuve avant le n° 70 R.). — Escorte de Cosaques de la ligne du Couban (674), avant le n° 72. — Flèche d'Arabat (672). Épreuve avant les inscriptions et le filet d'encadrement. 3 pièces.

326 — Les nos 668, 672, 674, 675, 676, 677, 678, 679, 680, 681, 683. Épreuves tirées sur grand papier de Chine. 11 pièces.

327 — Tatars en prière (675). Épreuve d'essai avant le n° 77. — Infanterie turque (680). 1re épreuve avec des griffonnements à la plume. 2 pièces.

328 — N° 686. Frontispice où sont les portraits à cheval du prince Demidoff, de Raffet et des autres membres de l'expédition, sur chine, avant les inscriptions, état dont il n'existe que quelques épreuves. Rare.

329 — 26 planches inédites : Costumes militaires français et étrangers, Portraits et sujets divers. Lithographiés au crayon, au lavis, à l'estompe et sur papier Auguste Bry, par Raffet. Paris, Leconte, 1860. Épreuves sur chine.

— 27 —

330 **Robert** (L.). Le Repos du pâtre. — Jeune suissesse assise. — Berger de la campagne de Rome. — Un Brigand napolitain. — La Prédiction. 5 pièces.

331 — Croquis par divers artistes. 3 pièces sur chine dont une épreuve d'essai avant la lettre.

333 — Les Moissonneurs, lithographié par un artiste anonyme, sur chine, non collé.

332 **Roqueplan** (C.). Sujets tirés d'albums, dessinés sur pierre, croquis par divers artistes, etc. 27 pièces.

334 **Scheffer** (Ary). Allons! — L'Antiquaire. — La Convalescence d'une mère. — Si jeune. — Le Départ et le Retour. — La Veuve du soldat. 7 pièces.

335 **Traviès**. L'Histoire de M. Mayeux. 22 pièces coloriées.

336 **Vernet** (Horace). 66 pièces de son œuvre, dont : Les Forçats. — L'Enfance de Napoléon. — Retour de Syrie. — Prise d'une Redoute par les grenadiers français. — Bivouac français. — Malle-poste. Plusieurs sont avant la lettre.
Pourra être divisé.

337 **Vernet** (C.). Route de poste. — Route de Poissy. — Route du marché. — Route de Naples. — Les Chevaux de bateau. 5 pièces gravées par Debucourt. Très-belles épreuves imprimées en couleur.

338 — Retour des champs. — Le Joueur de cornemuse. — Le Marchand de chevaux normands. 3 pièces par Debucourt, imprimées en noir.

339 — Il n'y a pas de feu sans fumée. — Le Cosaque galant. — Rencontre d'Officiers anglais. 3 pièces, par Debucourt.

340 — Le Rempailleur de chaises, par Debucourt. Très-belle épreuve.

341 — Les Aveugles, par Debucourt. Très-belle épreuve.

342 — Chacun son tour, par Debucourt. Belle épreuve.

DESSINS

343 **Charlet**. Le Billet de logement. A l'aquarelle.

344 **Decamps**. Femme vue par le dos, s'appuyant sur un bâton. Au fusain. Provient de la vente Decamps.

345 **Raffet**. Napoléon au bivouac. A l'aquarelle.

346 **Leconte**. Académies d'Hommes. Neuf dessins aux crayons rouge et noir.

347 **Ecole française**. Homme drapé dans un manteau et réfléchissant. Au crayon noir lavé d'aquarelle.

ŒUVRE D'HORACE VERNET

Cet œuvre, remarquable par la beauté des épreuves dont la plupart sont avant la lettre, renferme 238 pièces; parmi les raretés nous citerons le portrait du petit Cyrus, Mme Perregaux, les vignettes, etc., plus 10 portraits du maître dont un dessin de Dantan. Il est monté sur papier et renfermé dans sept portefeuilles.

www.ingramcontent.com/pod-product-compliance
Lightning Source LLC
Chambersburg PA
CBHW060919050426
42453CB00010B/1812